Manual do Estilo Desconfiado

Fernando Paixão.

Manual do Estilo Desconfiado.

Em 25 lições.

Ateliê Editorial

Copyright © 2017 Fernando Paixão

Direitos reservados e protegidos pela Lei 9.610 de 19.02.1998.
É proibida a reprodução total ou parcial sem autorização, por escrito, da editora.

Dados Internacionais de Catalogação na Publicação (CIP)
(Câmara Brasileira do Livro, SP, Brasil)

Paixão, Fernando
  Manual do estilo desconfiado: em 25 lições / Fernando Paixão. – Cotia,
SP: Ateliê Editorial, 2017.

  ISBN 978-85-7480-774-4

  1. Crítica literária 2. Estilo 3. Literatura brasileira – Crítica e interpreta-
ção 4. Teoria literária I. Título.

CDD 801.95

Índices para catálogo sistemático:
1. Análise literária   801.95

ATELIÊ EDITORIAL
Estrada da Aldeia de Carapicuíba, 897
06709-300 – Cotia SP
Tel. 55 11 4612-9666
www.atelie.com.br
contato@atelie.com.br

Printed in Brazil 2017
Foi feito o depósito legal

"Lembra-te de desconfiar…"
PROSPER MÉRIMÉE

* * *

Ao Pedro Meira Monteiro,
em diálogo de máximas.

Junte-se aos desconfiados, 9

Desconfie:
da frase longa, 12
da vírgula, 14
da palavra gorda, 16
da palavra magra, 18
do verbo ser, 20
da citação, 22
do clichê, 24
do adjetivo, 26
do advérbio, 28
do título, 30
da primeira frase, 32

do elogio, 34

do verbo, 36

da repetição de palavras, 38

das reticências, 40

do pronome, 42

do estilo, 44

da abstração, 46

da frase-efeito, 48

da primeira versão, 50

do parágrafo longo, 52

da gramática, 54

da poesia, 56

da prosa, 58

da (des)confiança, 60

APRESENTAÇÃO

Junte-se aos desconfiados[1]

Sempre fui um aficionado pelas artes e artimanhas do ato de escrever. Sou daqueles que consideram toda frase um parto – o que não implica, necessariamente, sofrimento. Tudo começa com o intruso espermatozoide que se instala em nosso cérebro e passa a acionar a sinapse daquela ideia, que ali permanece e recusa a se apagar, insiste diariamente em ser transformada em "mensagem para os outros": texto.

Acontece, porém, na maioria das vezes, que passamos a macaquear as formas conhecidas de dizer. Repetimos as fórmulas – e mal –, confortados pelo doce prazer do nome impresso. Com frequência,

---

1. Este manual é resultante de anotações para o curso Escrita e Estilo em Estudos Literários, oferecido no Instituto de Estudos Brasileiros da Universidade de São Paulo (IEB-USP). Algumas lições foram publicadas na revista *Piauí*, na edição de dezembro de 2011.

tomamos um dentre os maneirismos disponíveis e o preenchemos com raciocínio e opinião. Mas sem perceber que as palavras e noções usadas já se encontram um tanto gastas por força da repetição e do hábito.

Qual é o antídoto? Como sair do círculo repetitivo da inspiração? Se a resposta fosse simples, já teria surgido uma nova profissão no pobre mercado das letras: os estilistas de texto. E haveria lançamentos a cada ano de novos modelos de redação destinados aos diferentes segmentos: notícias de jornal, pesquisas acadêmicas, romances de sucesso, e outros mais.

O jeito é desconfiar. Uma recomendação possível e honesta diante do demo do senso comum que se infiltra no lero-lero de muitos escribas. Ler com o olhar desconfiado, pois ajuda a reconhecer muito gato que se passa por lebre, sobretudo quando assume ares de alta dicção. E, claro, escrever igualmente desconfiado – um pé atrás com as próprias afirmações.

Até segunda ordem, todo texto é suspeito.

FERNANDO PAIXÃO

Manual do Estilo Desconfiado.

Em 25 lições.

Desconfie da **frase longa**.

¶ Raros são os animais que podem dar saltos longos na natureza. Raros são os homens capazes de compreender uma sequência de frases compridas.

¶ Uma frase não se define pela extensão, senão pelo fôlego.

¶ As ideias que se alongam precisam girar em torno a um eixo. Cuidado com os malabarismos.

¶ A boa frase longa se contenta com passos curtos – e articulados.

¶ Evita-se a monotonia de uma série de frases maiores com a surpresa de uma frase curta.

¶ As frases longas nunca são jovens.

Desconfie da vírgula.

❡ Aqueles que tomam a vírgula por uma facilidade encompridam os solilóquios. Melhor tomá-la por uma dificuldade.

❡ Toda vírgula implica dobrar uma esquina, mas continuando no mesmo caminho.

❡ O texto que se inicia com uma vírgula traz antes de si o universo inteiro.

❡ Alguns escritores são acometidos da virgulite, típica de quem dá voltas ao pensamento.

❡ Existem as vírgulas da gramática e as do afeto.

❡ O pecado de Adão criou a primeira vírgula da história humana.

Desconfie da **palavra gorda**.

❡ Aquela que expressa ideia generalizante, usualmente abstrata. Além do peso.

❡ A gordura léxica está presente quando as palavras se inclinam para a retórica.

❡ O uso acumulativo de palavras obesas conduz a uma frase gorda.

❡ Antes de se expressar em palavras, a obesidade está no pensamento.

❡ A sintaxe é recurso fundamental para engordar (ou emagrecer) a frase.

❡ Os parnasianos são típicos escritores que apresentam sobrepeso.

Desconfie da palavra magra.

¶ Referente ao sentido direto, quase sempre em primeira acepção. Sem gordura.

¶ A magreza léxica se torna presente quando as palavras não chamam a atenção para si.

¶ A ciência prefere exprimir-se por meio das palavras exatas. Só o osso interessa.

¶ A mesma palavra poderá ser mais ou menos delgada, a depender do contexto.

¶ O romance policial necessita de um estilo magro para colocar em ação os elementos da trama.

¶ A palavra magra se quer útil e invisível.

meira frase. Desconfie do elogio. Desc
do verbo. Desconfie da repetição de p
s. Desconfie das reticências. Desconfi
nome. Desconfie do estilo. Desconfi
stração. Desconfie da frase-efeito. Desc
da primeira versão. Desconfie do p
fo longo. Desconfie da gramática. Desc
da poesia. Desconfie da prosa. Desco
frase longa. Desconfie da vírgula. Des
da palavra gorda. Desconfie da pala
gra. **Desconfie do verbo ser.** Desco
citação. Desconfie do clichê. Desco
adjetivo. Desconfie do advérbio. Des
do título. Desconfie da primeira fi
sconfie do elogio. Desconfie do ve
sconfie da repetição de palavras. Des
das reticências. Desconfie do pronc
sconfie do estilo. Desconfie da abstra
sconfie da frase-efeito. Desconfie da
eira versão. Desconfie do parágrafo lo
sconfie da gramática. Desconfie da
Desconfie da prosa. Desconfie da

¶ O uso frequente do verbo "ser" evidencia uma forma de argumentação reflexiva: em seu estágio mais pobre.

¶ Afirmar é próprio do fluxo da linguagem, impulso de voz desde os primórdios.

¶ Torna-se defeito quando é usado como muleta, recurso recorrente.

¶ Conduz o texto igual a um muro de frases-tijolos, afirmações em paralelo.

¶ Quem tanto afirma quer convencer-se a si mesmo.

¶ Concebe o texto como um colar de afirmações, e não um tecido de argumentos.

do elogio. Desconfie do verbo. Desco
repetição de palavras. Desconfie das
cias. Desconfie do pronome. Desco
estilo. Desconfie da abstração. Desco
frase-efeito. Desconfie da primeira ver
sconfie do parágrafo longo. Desconfi
mática. Desconfie da poesia. Desco
prosa. Desconfie da frase longa. Des
da vírgula. Desconfie da palavra go
sconfie da palavra magra. Desconfi
bo ser. **Desconfie da citação.** Desco
clichê. Desconfie do adjetivo. Desco
advérbio. Desconfie do título. Desco
primeira frase. Desconfie do elogio.
fie do verbo. Desconfie da repetição
avras. Desconfie das reticências. Des
do pronome. Desconfie do estilo. Des
da abstração. Desconfie da frase-efe
sconfie da primeira versão. Desconfi
ágrafo longo. Desconfie da gramá
sconfie da poesia. Desconfie da pr
sconfie da (des)confiança. Desconfie

❡ A afinidade com o autor citado, por si só, não qualifica a citação. Então, o que a justifica?

❡ Não há como certificar o peso de duas citações opostas e igualmente claras e afirmativas.

❡ Existem citações de 1°, 2° e 3° graus. Quanto mais recuadas no tempo, mais sábias.

❡ Poucos escritores citam os argumentos contrários às suas ideias. Pior para elas.

❡ Ninguém cita quem lhe parece "inferior".

❡ Diz-me quem citas e eu te direi que és.

do verbo. Desconfie da repetição de p
s. Desconfie das reticências. Desconfi
nome. Desconfie do estilo. Desconfi
stração. Desconfie da frase-efeito. Des
da primeira versão. Desconfie do p
fo longo. Desconfie da gramática. Des
da poesia. Desconfie da prosa. Desco
frase longa. Desconfie da vírgula. Des
da palavra gorda. Desconfie da pal
gra. Desconfie do verbo ser. Desco
citação. **Desconfie do clichê.** Desco
adjetivo. Desconfie do advérbio. Des
do título. Desconfie da primeira fi
sconfie do elogio. Desconfie do ve
sconfie da repetição de palavras. Des
das reticências. Desconfie do pronc
sconfie do estilo. Desconfie da abstra
sconfie da frase-efeito. Desconfie da
eira versão. Desconfie do parágrafo lo
sconfie da gramática. Desconfie da
. Desconfie da prosa. Desconfie da
nfiança. Desconfie da frase longa. Des

¶ O clichê transforma o senso comum em metal, peça que serve à máquina dos discursos.

¶ De tão usado, o clichê ficou cego, não sabe o que está dizendo.

¶ "Clicheteiro" é aquele que usa em demasia as frases conhecidas.

¶ O clichê apunhala o estilo.

¶ O clichê se aproxima de um ditado que não deu certo.

¶ O clichê é um chiclete usado.

etição de palavras. Desconfie das reti
s. Desconfie do pronome. Desconfie
ilo. Desconfie da abstração. Desconfi
se-efeito. Desconfie da primeira ver
sconfie do parágrafo longo. Desconfi
amática. Desconfie da poesia. Desco
prosa. Desconfie da frase longa. Des
da vírgula. Desconfie da palavra go
sconfie da palavra magra. Desconfi
rbo ser. Desconfie da citação. Desco
clichê. **Desconfie do adjetivo.** Desco
advérbio. Desconfie do título. Desco
primeira frase. Desconfie do elogio.
nfie do verbo. Desconfie da repetiçã
lavras. Desconfie das reticências. Des
do pronome. Desconfie do estilo. Des
da abstração. Desconfie da frase-ef
sconfie da primeira versão. Desconfi
rágrafo longo. Desconfie da gramá
sconfie da poesia. Desconfie da pr
sconfie da (des)confiança. Desconfi
se longa. Desconfie da vírgula. Desco

❡ Os adjetivos são como as cores, do suave ao berrante.

❡ Entre um e outro recomenda-se a distância de algumas léguas.

❡ O erro não está na palavra, mas no demiurgo que não sabe usá-la.

❡ O adjetivo funciona como o fermento da frase.

❡ Ao dispor de um adjetivo na frase, indague: se ficar de fora, faz falta?

❡ Faça psicanálise com os qualificativos que emprega.

❡ Adjetivos são palavras com alta variação de humor.

Desconfie do **advérbio**.

- Tem de ser exato para esclarecer detalhe do raciocínio ou da circunstância.

- Realça em relevo aquilo que se afirma.

- Verbo e advérbio atraídos, mas nem sempre encaixados.

- Advérbios formam a polpa que reveste o caroço da frase.

- Todo advérbio deve passar pelo controle de excessos, sem desperdícios.

- Quem "mente" demais cai em descrédito.

as. Desconfie do pronome. Desconfi
tilo. Desconfie da abstração. Desconf
ase-efeito. Desconfie da primeira ve
sconfie do parágrafo longo. Desconf
amática. Desconfie da poesia. Desc
prosa. Desconfie da frase longa. De
da vírgula. Desconfie da palavra g
sconfie da palavra magra. Desconf
rbo ser. Desconfie da citação. Desc
clichê. Desconfie do adjetivo. Desc
advérbio. **Desconfie do título.** Desc
primeira frase. Desconfie do elogio.
nfie do verbo. Desconfie da repetiçã
lavras. Desconfie das reticências. De
do pronome. Desconfie do estilo. De
da abstração. Desconfie da frase-e
sconfie da primeira versão. Desconf
rágrafo longo. Desconfie da gramá
sconfie da poesia. Desconfie da p
sconfie da (des)confiança. Desconf
ase longa. Desconfie da vírgula. Desc
palavra gorda. Desconfie da palavra

¶ O título deve trazer a cabeça do argumento.

¶ São diversas as motivações que unem o título e seus respectivos parágrafos.

¶ A propaganda é esperta em criar títulos masculinos e femininos.

¶ Quando o título está de costas para o seu conteúdo, temos uma fissura cognitiva.

¶ Muitos imitam as metáforas da cultura coletiva, títulos da multidão.

¶ Títulos também são rostos.

nfie do estilo. Desconfie da abstra
sconfie da frase-efeito. Desconfie da
eira versão. Desconfie do parágrafo lo
sconfie da gramática. Desconfie da
. Desconfie da prosa. Desconfie da f
nga. Desconfie da vírgula. Desconfi
lavra gorda. Desconfie da palavra m
sconfie do verbo ser. Desconfie da
o. Desconfie do clichê. Desconfie do
ivo. Desconfie do advérbio. Desconfi
ulo. **Desconfie da primeira frase.**
nfie do elogio. Desconfie do verbo.
nfie da repetição de palavras. Des
das reticências. Desconfie do prono
sconfie do estilo. Desconfie da abstra
sconfie da frase-efeito. Desconfie da
eira versão. Desconfie do parágrafo lo
sconfie da gramática. Desconfie da
. Desconfie da prosa. Desconfie da
nfiança. Desconfie da frase longa. Des
da vírgula. Desconfie da palavra g
sconfie da palavra magra. Desconfi

¶ A primeira frase molda a boca (e a respiração) de um texto.

¶ Acorda o animal que vai se espreguiçar adiante.

¶ Abre a porta e a paisagem do pensamento.

¶ Serve de semente para as ideias que seguem.

¶ Anzol que prefigura o desenho da linha.

¶ Por vezes apela para o efeito, em detrimento do mérito.

Desconfie do elogio.

¶ O elogio que se derrama em adjetivos conduz à monotonia.

¶ Fica apressado quando o encômio vem antes dos argumentos.

¶ O elogio deve ser proporcional à qualidade moral e intelectual de quem o profere: mas quem julga quem?

¶ A maioria dos elogios esconde a real motivação: troca de afagos e favores.

¶ Quem muito elogia deixa as palavras vazias.

¶ Elogiar a própria modéstia é um contrassenso.

sconfie da frase-efeito. Desconfie da
eira versão. Desconfie do parágrafo lo
sconfie da gramática. Desconfie da
. Desconfie da prosa. Desconfie da f
nga. Desconfie da vírgula. Desconfi
lavra gorda. Desconfie da palavra ma
sconfie do verbo ser. Desconfie da
. Desconfie do clichê. Desconfie do a
o. Desconfie do advérbio. Desconfie o
o. Desconfie da primeira frase. Desc
elogio. **Desconfie do verbo.** Desconfi
etição de palavras. Desconfie das reti
s. Desconfie do pronome. Desconfi
ilo. Desconfie da abstração. Desconfi
se-efeito. Desconfie da primeira ve
sconfie do parágrafo longo. Desconfi
amática. Desconfie da poesia. Desc
prosa. Desconfie da (des)confiança.
nfie da frase longa. Desconfie da vír
sconfie da palavra gorda. Desconfi
lavra magra. Desconfie do verbo ser.
nfie da citação. Desconfie do clichê

- Todo verbo dispara uma seta semântica sobre a frase em lança.

- O verbo oferece um encaixe para o complemento.

- O verbo serve de músculo para a frase: nem duro nem mole.

- Entre voz passiva e ativa, o verbo vibra.

- Intransitivo, interrompe o trânsito de sentido.

- A escolha depende do anzol, é pesca.

Desconfie da **repetição de palavras**.

- Quem repete palavras pensa com o uso de muletas.

- Palavra repetida perde boa parte do sentido.

- Ao repetir, esquece o que veio antes, não convence.

- Quem repete está só preocupado em seguir adiante.

- A repetição tem ar de preguiça, falta de educação.

- Costuma se confundir com enrolação.

Desconfie **das reticências**.

❡ Três pontinhos em que cada um lê o que quer?

❡ Ou três pontinhos discretos... três porquinhos em marcha.

❡ Conduzem a frase para debaixo do tapete.

❡ Seja reticente, recorra a elas com delicadeza.

❡ Muitas reticências são preguiçosas, mero etecétera.

❡ As melhores reticências são as que levam ao silêncio.

nfie da gramática. Desconfie da
. Desconfie da prosa. Desconfie da f
nga. Desconfie da vírgula. Desconfi
lavra gorda. Desconfie da palavra ma
sconfie do verbo ser. Desconfie da
. Desconfie do clichê. Desconfie do
o. Desconfie do advérbio. Desconfie c
o. Desconfie da primeira frase. Desco
elogio. Desconfie do verbo. Desconfi
petição de palavras. Desconfie das reti
s. **Desconfie do pronome.** Desconfi
ilo. Desconfie da abstração. Desconfi
se-efeito. Desconfie da primeira ve
sconfie do parágrafo longo. Desconfi
amática. Desconfie da poesia. Desco
prosa. Desconfie da (des)confiança.
nfie da frase longa. Desconfie da vír
sconfie da palavra gorda. Desconfi
lavra magra. Desconfie do verbo ser.
nfie da citação. Desconfie do clichê.
nfie do adjetivo. Desconfie do advé
sconfie do título. Desconfie da prin

¶ O pronome posiciona e dispara o nome.

¶ Coordenadas e circunstâncias: tempo, modo e lugar.

¶ Promove a sintonia entre eu, tu e eles.

¶ Toma posse, põe a mão; mede distância entre isso e aquilo.

¶ Sem pronome, a frase fica resumida a esqueleto.

¶ Pronome, *pro nobis*.

Desconfie do **estilo**.

- Entre a curva e a reta, entre a palavra e o silêncio, o estilo se faz desenho.

- O estilo deve ser oculto ou tornar-se evidente? Escolha.

- O estilo supõe o equilíbrio entre o curso da frase e o pouso das palavras.

- O estilo é o homem... desde que ele tenha caráter.

- Estilizar demais é uma forma de se esconder.

- O estilo deve chegar à carne, não basta mostrar a pele.

Desconfie da **abstração**.

❡ Escrevo difícil, logo existo.

❡ Muito pensamento barato quer se passar por caro.

❡ Ao abstrair, mantenha o fio da ideia esticado.

❡ Antes de ser abstrato, proponha ao leitor um pacto.

❡ Cuide para que a abstração não caia em traição.

❡ São idiotas as abstrações que humilham o leitor.

nfie da frase longa. Desconfie da vírg
sconfie da palavra gorda. Desconfie d
vra magra. Desconfie do verbo ser. Des
da citação. Desconfie do clichê. Desc
adjetivo. Desconfie do advérbio. Des
do título. Desconfie da primeira f
sconfie do elogio. Desconfie do ve
sconfie da repetição de palavras. Des
das reticências. Desconfie do pron
sconfie do estilo. Desconfie da ab
o. Desconfie da **frase-efeito**. Desc
primeira versão. Desconfie do parág
ngo. Desconfie da gramática. Desconf
esia. Desconfie da prosa. Desconfie da
nfiança. Desconfie da frase longa. Des
da vírgula. Desconfie da palavra g
sconfie da palavra magra. Desconf
rbo ser. Desconfie da citação. Desc
clichê. Desconfie do adjetivo. Desc
advérbio. Desconfie do título. Desc
primeira frase. Desconfie do elogio.
nfie do verbo. Desconfie da repetiç

¶ Quando só o efeito justifica a frase, ela está malfeita.

¶ É importante distinguir entre efeito e confeito.

¶ Parece que a frase contém choque elétrico.

¶ Quanto mais se exagera o efeito, mais defeito.

¶ Agências de propaganda são especializadas em efeitos especiais.

¶ Quando a frase quer mostrar os peitos.

Desconfie da primeira versão.

❡ O primeiro texto abre a trilha na floresta; a segunda versão tira as pedras do caminho.

❡ Ao reler um texto seu, tire antes as vestes do narcisismo.

❡ É melhor recomeçar a escrita do que reescrever o que ficou ruim.

❡ Se não acertar na primeira, veja outro ângulo da mesma questão. Outras palavras virão.

❡ Quem fica na primeira perde a segunda e a terceira: como saber qual é o melhor caminho?

❡ A primeira versão será definitiva se passar no tribunal das dúvidas.

da palavra gorda. Desconfie da pal... gra. Desconfie do verbo ser. Desco... citação. Desconfie do clichê. Desco... adjetivo. Desconfie do advérbio. Des... do título. Desconfie da primeira fr... sconfie do elogio. Desconfie do ve... sconfie da repetição de palavras. Des... das reticências. Desconfie do pronc... sconfie do estilo. Desconfie da abstra... sconfie da frase-efeito. Desconfie d... são. **Desconfie do parágrafo longo.** ...nfie da gramática. Desconfie da po... sconfie da prosa. Desconfie da (des)... nça. Desconfie da frase longa. Des... da vírgula. Desconfie da palavra g... sconfie da palavra magra. Desconfi... rbo ser. Desconfie da citação. Desc... clichê. Desconfie do adjetivo. Desc... advérbio. Desconfie do título. Desc... primeira frase. Desconfie do elogio. ...nfie do verbo. Desconfie da repetiçã... lavras. Desconfie das reticências. Des...

❡ Quanto maior é o tijolo, mais pesa na cabeça.

❡ Dá em nó, tantas linhas de raciocínio sem respiração.

❡ Ao acumular ideias sobre ideias, elas perdem o eixo e o peso.

❡ Entre o início e o fim de um parágrafo, há ruas e alamedas a percorrer. Não o transforme em labirinto.

❡ Raro é o parágrafo muito longo que não seja pretensioso.

❡ Se tiver de ser longo, que adote o pensamento da reta, e não da curva.

fie da palavra magra. Desconfie do ve
. Desconfie da citação. Desconfie do
ê. Desconfie do adjetivo. Desconfie do
rbio. Desconfie do título. Desconfie da
eira frase. Desconfie do elogio. Desco
verbo. Desconfie da repetição de palav
sconfie das reticências. Desconfie do
me. Desconfie do estilo. Desconfie da
ção. Desconfie da frase-efeito. Desco
primeira versão. Desconfie do parág
go. **Desconfie da gramática.** Desconfi
esia. Desconfie da prosa. Desconfie da
nfiança. Desconfie da frase longa. Des
da vírgula. Desconfie da palavra go
sconfie da palavra magra. Desconfi
bo ser. Desconfie da citação. Desco
clichê. Desconfie do adjetivo. Descc
advérbio. Desconfie do título. Descc
primeira frase. Desconfie do elogio.
nfie do verbo. Desconfie da repetiçã
avras. Desconfie das reticências. Des
do pronome. Desconfie do estilo. Des

¶ Não deixe a gramática se tornar matemática.

¶ As regras oferecem caminhos, mas a frase escolhe a direção.

¶ Conduza a gramática a favor das ideias.

¶ As vanguardas aboliram a gramática em praça pública, depois se arrependeram.

¶ Sujeito, verbo e predicado: cabeça, tronco e membros.

¶ Os gramáticos se dividem em dois grupos: uns querem governar o uso da língua, outros aceitam a democracia das palavras.

Desconfie da poesia.

- Poesia não é parnaso de supermercado.

- Não aparece em qualquer esquina ou livro de poemas.

- Não marca encontro para acertar contas com o crítico.

- 99% do que se autoproclama poesia é vento.

- Cada verso tem de ser universo.

- A melhor poesia passa despercebida na brisa.

sconfie da citação. Desconfie do cli
sconfie do adjetivo. Desconfie do ad
. Desconfie do título. Desconfie da
eira frase. Desconfie do elogio. Desco
verbo. Desconfie da repetição de palav
sconfie das reticências. Desconfie do
me. Desconfie do estilo. Desconfie da
ção. Desconfie da frase-efeito. Desco
primeira versão. Desconfie do parág
go. Desconfie da gramática. Desconfi
esia. **Desconfie da prosa.** Desconfie da
nfiança. Desconfie da frase longa. Des
da vírgula. Desconfie da palavra go
sconfie da palavra magra. Desconfie
rbo ser. Desconfie da citação. Desco
clichê. Desconfie do adjetivo. Desco
advérbio. Desconfie do título. Desco
primeira frase. Desconfie do elogio.
nfie do verbo. Desconfie da repetição
avras. Desconfie das reticências. Des
do pronome. Desconfie do estilo. Des
da abstração. Desconfie da frase-ef

¶ A melhor prosa é a que olha nos olhos do leitor.

¶ Prosa de rio ou de riacho não pode transbordar.

¶ A boa prosa não gosta de ficar calada.

¶ Entre a prosa e a poesia acontece o namoro ou o ciúme.

¶ A prosa tem de crescer no ponto certo, como a massa do pão.

¶ Há muitas escritas por inventar, das duras às porosas.

Desconfie da (des)confiança.

❡ A desconfiança é bem-vinda para que o estilo seja de bom quilate.

❡ A desconfiança é mal-vinda quando inibe a naturalidade da frase.

❡ O melhor estilo é aquele que se faz com a atenção posta no detalhe, nos dedos.

❡ Quem desconfia fia o texto pelo avesso.

❡ Quem (des)confia demasiado termina no fiado.

❡ Desconfia quem quer fiar as palavras com a mão.

Fernando Paixão nasceu em Portugal e vive em São Paulo desde a infância. De início, teve uma longa carreira como editor profissional; nessa área, organizou *Momentos do livro no Brasil* (Ática, 1995), que recebeu o Prêmio Jabuti. Em 2009, ingressou na docência acadêmica e, desde então, leciona literatura no Instituto de Estudos Brasileiros da Universidade de São Paulo (IEB-USP). No ensaísmo, publicou *Narciso em sacrifício* (Ateliê, 2003), sobre a obra poética de Mário de Sá-Carneiro, e *Arte da pequena reflexão* (Iluminuras, 2014), sobre o gênero do poema em prosa. Foi professor-visitante na Universidade da Califórnia, em Berkeley (2005) e Los Angeles (2009), e na Universidade Nova de Lisboa (2014). Dedica-se também à poesia, com seis livros publicados. Em 2015, lançou o livro de poemas *Porcelana invisível*, pela Cosac Naify.

TÍTULO	*Manual do Estilo Desconfiado*
AUTOR	Fernando Paixão
EDITOR	Plinio Martins Filho
PRODUÇÃO EDITORIAL	Aline Sato
REVISÃO DE PROVAS	Ateliê Editorial
DESIGN E DIAGRAMAÇÃO	Negrito Produção Editorial
FORMATO	13 x 18 cm
TIPOLOGIA	Swift
NÚMERO DE PÁGINAS	80
PAPEL	Pólen Bold 90 g/m² (miolo)
	Marrakech Trigo Microcotelê 180 g/m² (capa)
CTP, IMPRESSÃO E ACABAMENTO	Lis Gráfica